# *El regreso maya*

Rebeca

Editor: Bubok Publishing S.L.
ISBN papel: 978-84-686-0190-8
ISBN ebook: 978-84-686-0191-5
DL: BI - 3281 / 2011
Título: El regreso maya
Autor: Rebeca
Idioma: Castellano

Todos los derechos reservados y registrados

Dedicado a mi querido Ángel, por estar ahí.

## Introducción

El regreso maya nos hace retroceder al pasado como homenaje al calendario maya. Se compone de veinte ilustraciones que representan a los veinte sellos mayas que componen el calendario. Cada ilustración es copia parcial del cuadro pintado al óleo con su mismo nombre y va acompañada de una breve explicación sobre su significado maya.

El cuadro se puede ver en las Web:
http://www.calendariomayaregreso.es/
http://rebeca69.artelista.com/

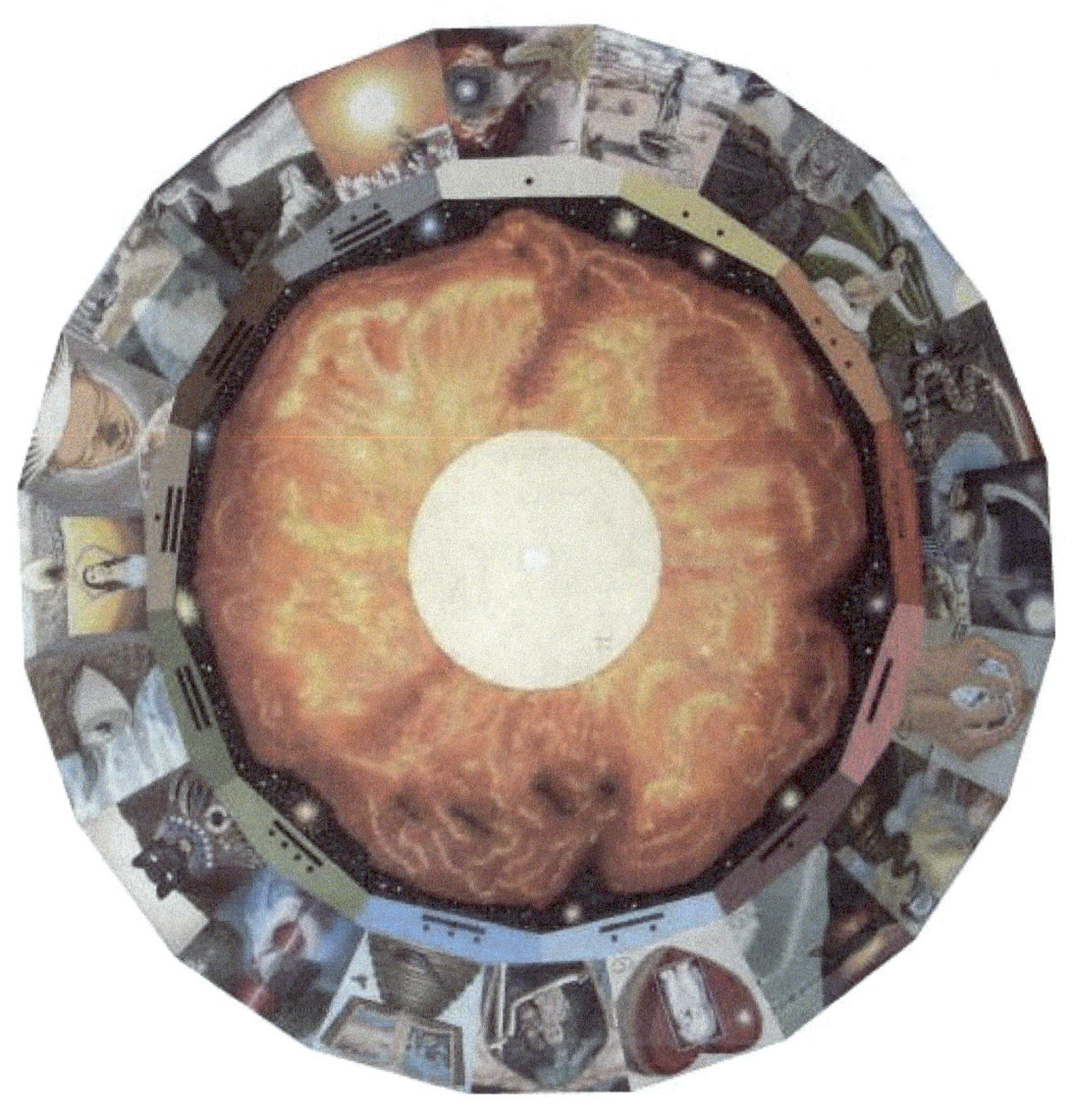

# *El regreso Maya* ®

Rebeca

# La rueda calendárica Maya

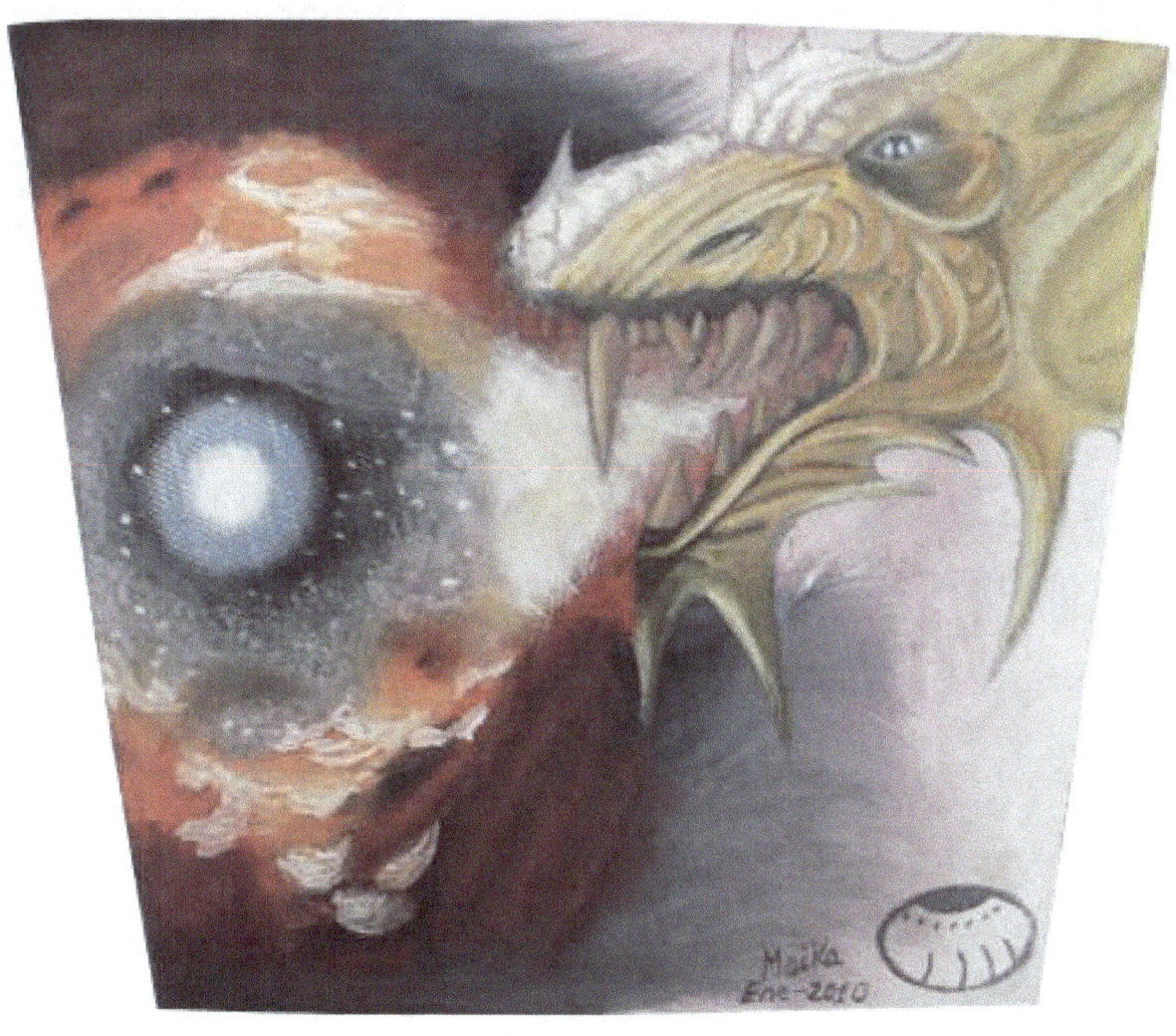

## Sello UNO : IMIX

### Seno materno, Dragón

El origen proveniente de la energía femenina sagrada, el inicio de la vida y la sabiduría.

### ¡Encuentra la energía y consigue tu comienzo!

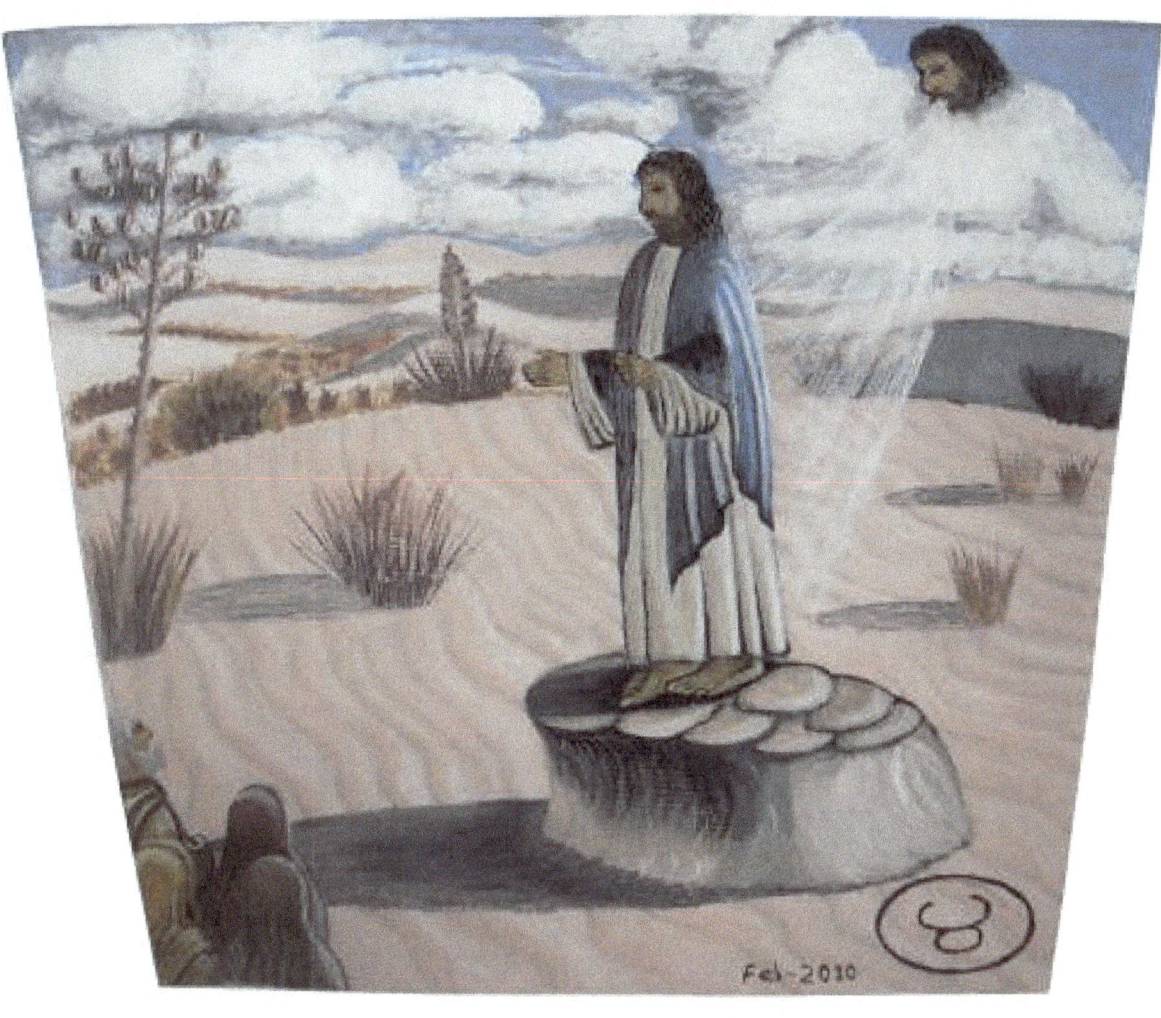

# Sello DOS : IK

### Viento

La comunicación espiritual a través del aliento, el uso adecuado de las palabras.

### ¡Comunícate en un nivel elevado!

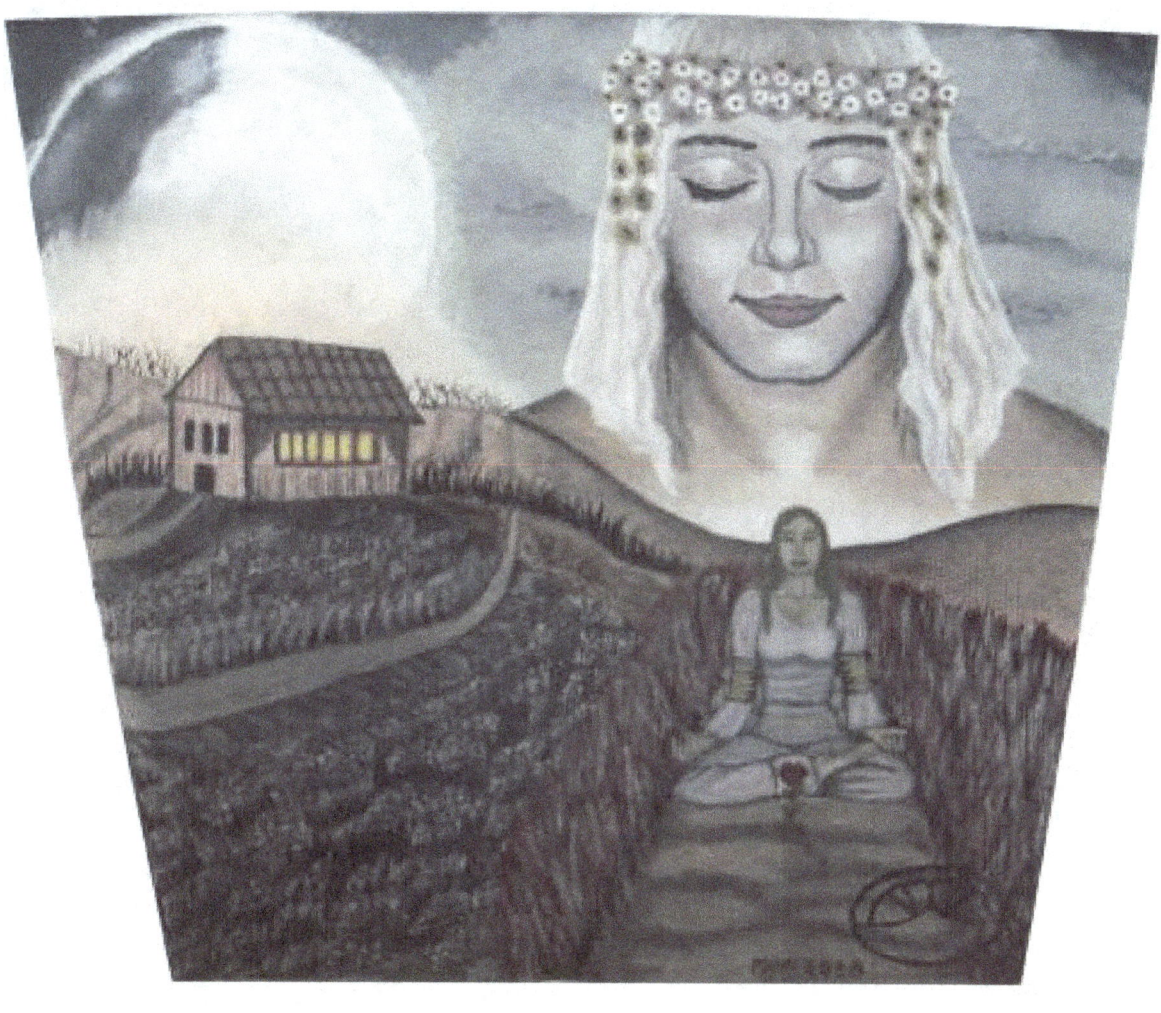

## Sello TRES : **AKBAL**

### Noche

El viaje hacia el interior, la reflexión y la meditación, los fantasmas y el romance de la noche.

**¡Enfréntate a tus fantasmas y miedos!**

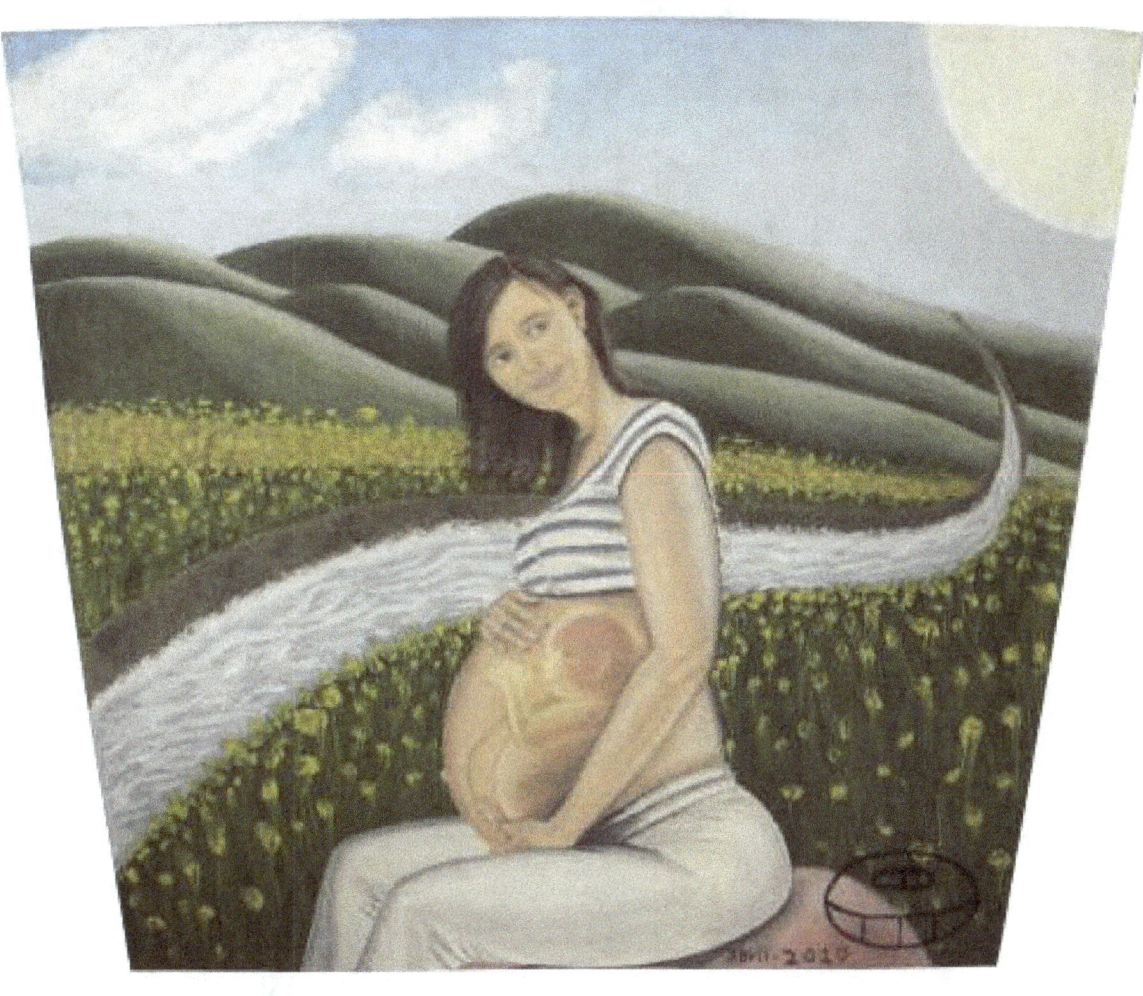

# Sello CUATRO : **KAN**

### Semilla

El florecimiento de nuestro ser radiante y sagrado,
el desarrollo de las facultades.

### ¡Permite que tu vida florezca!

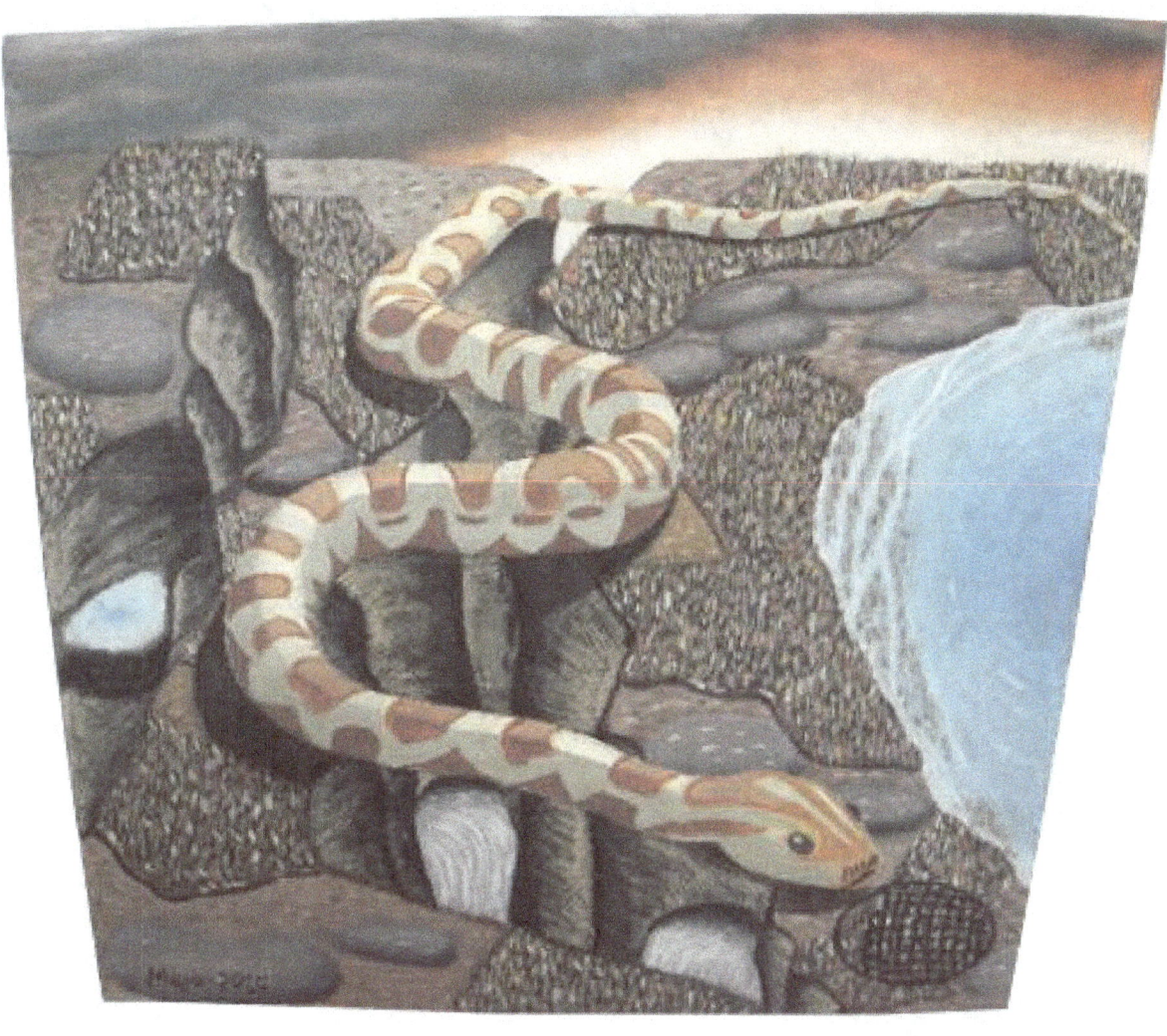

## Sello CINCO : **CHICHAN**

### Serpiente

La habilidad para moverse con inteligencia,
el manejo de los obstáculos.

### ¡Aprende a moverte con destreza por la vida!

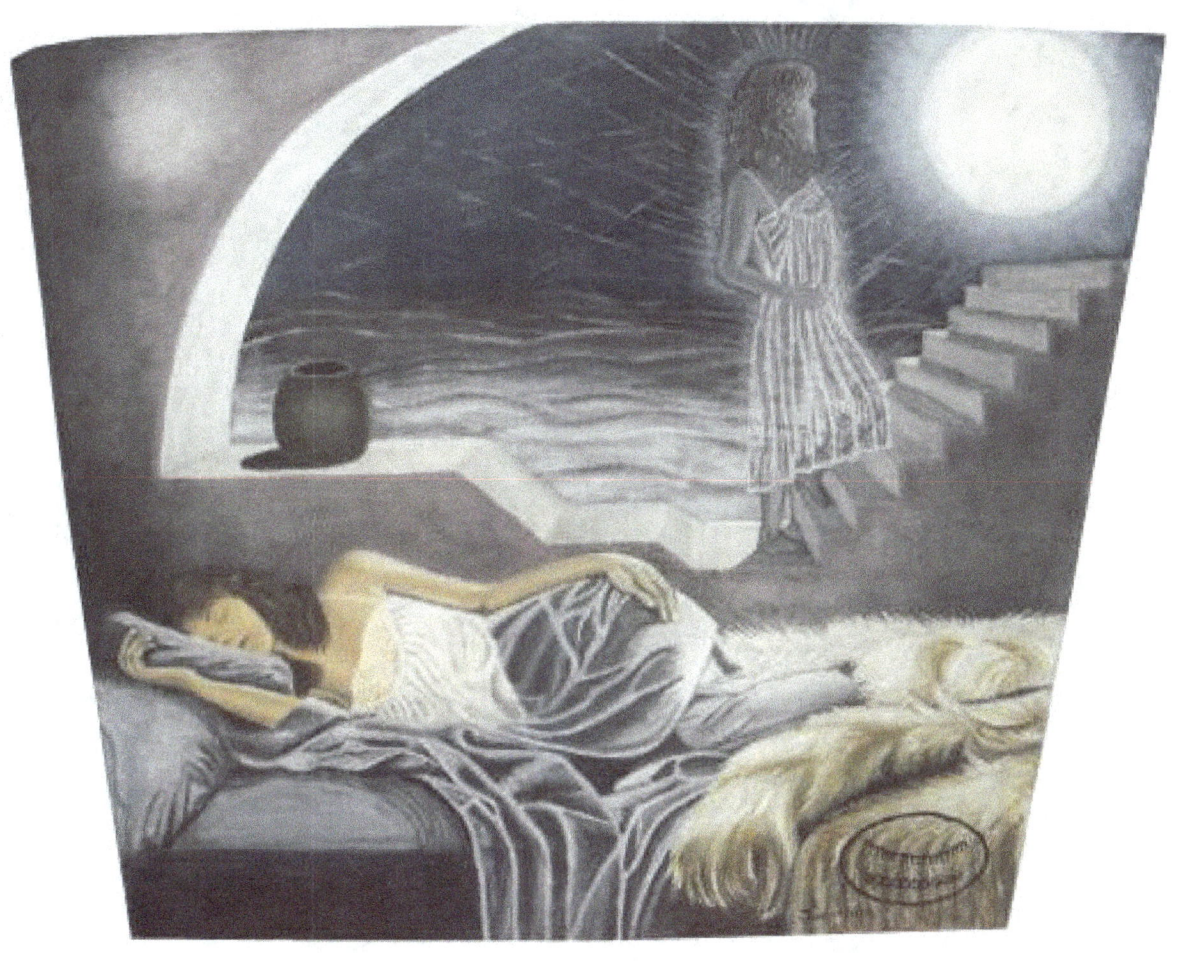

## Sello SEIS : **CIMI**

**Muerte, Enlazador de mundos**

La transformación, los cambios, los ciclos,
la receptividad a las nuevas experiencias.

**¡Renueva tu mente y tu corazón!**

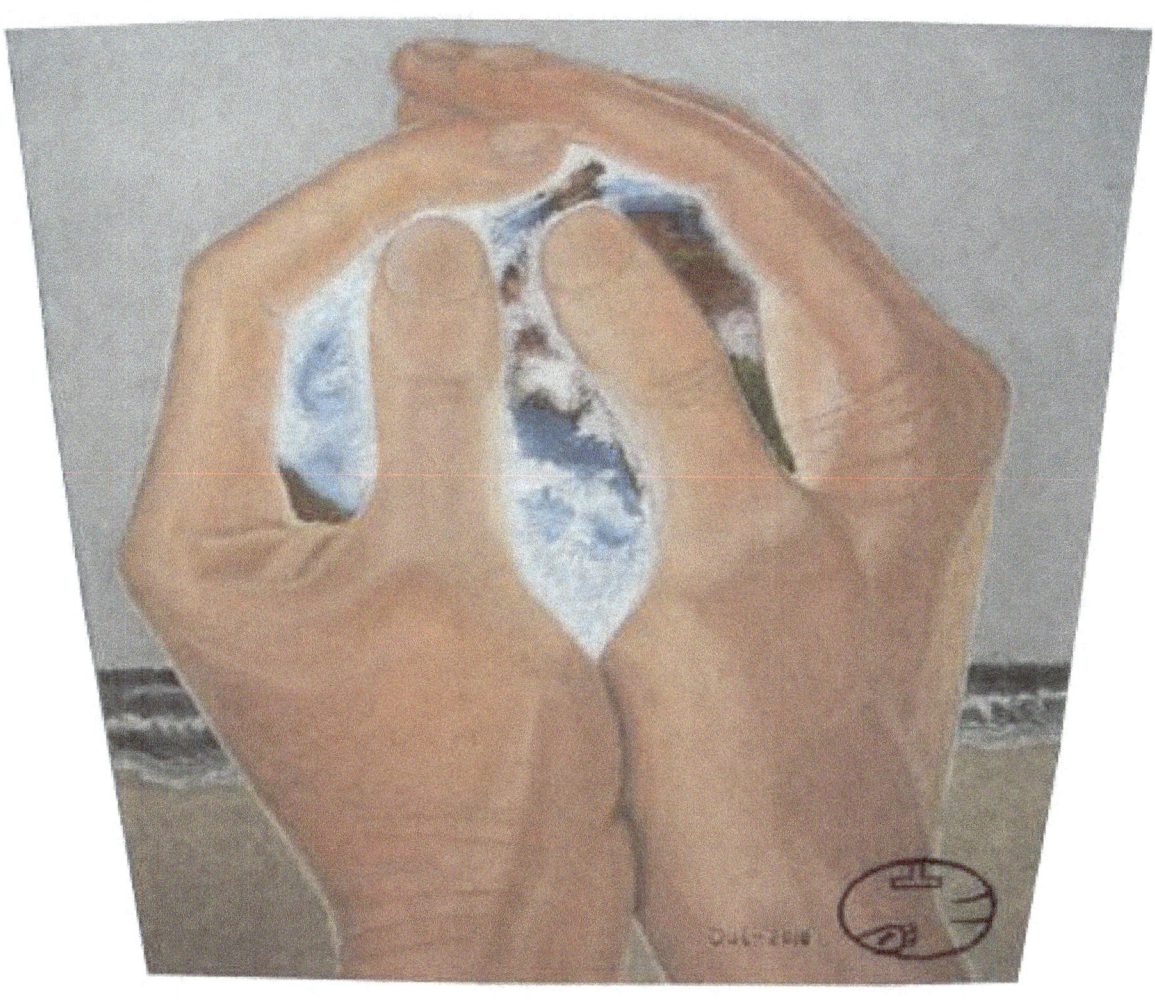

## Sello SIETE : **MANIK**

### Mano

La energía curativa a través de las manos,
la inteligencia despierta y dispuesta.

### ¡Comparte el poder de tus manos!

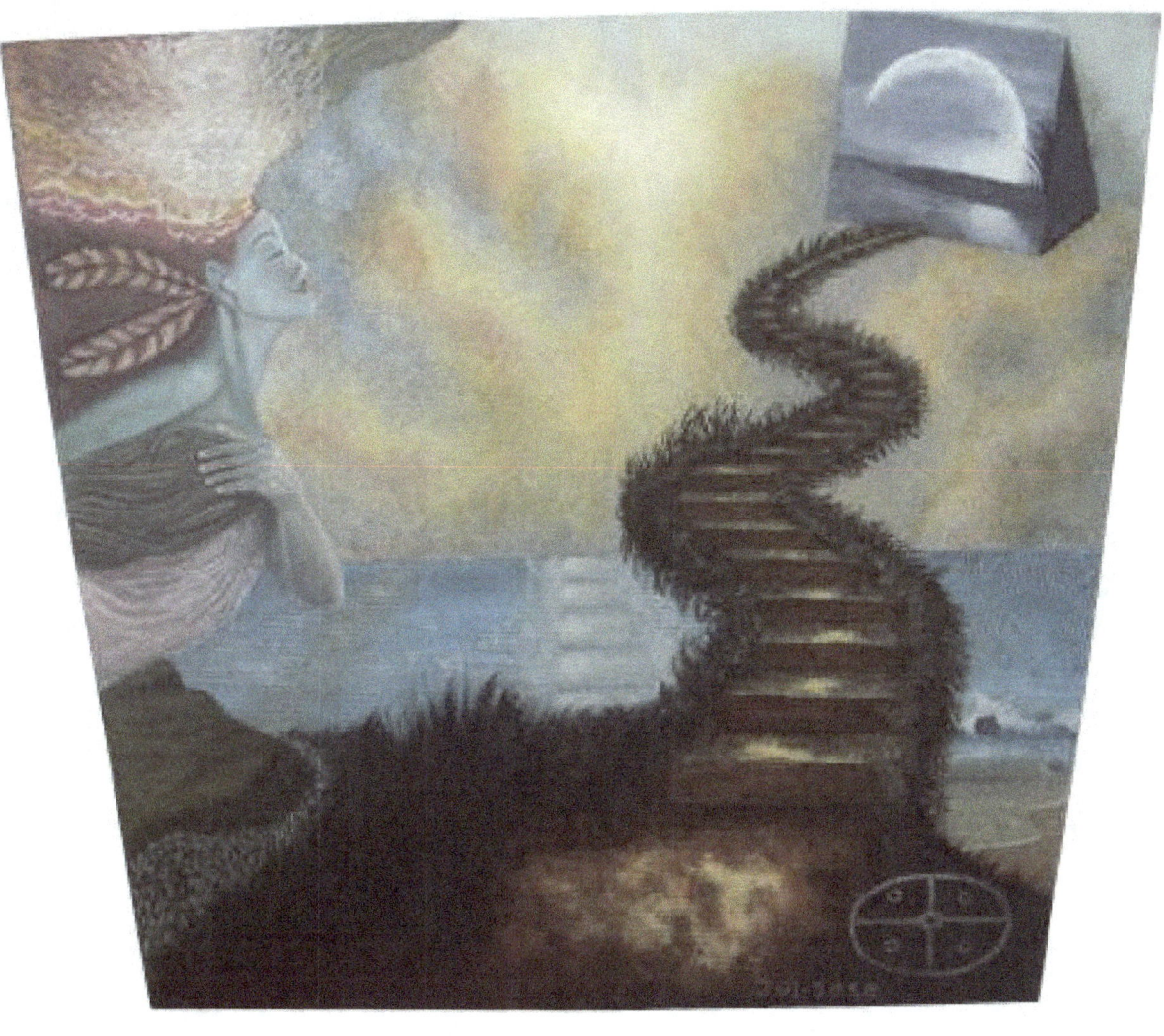

## Sello OCHO : **LAMAT**

### Estrella

La armonía y el brillo de nuestro interior,
la claridad del espacio sagrado.

**¡Eres una estrella plantada en la Tierra!**

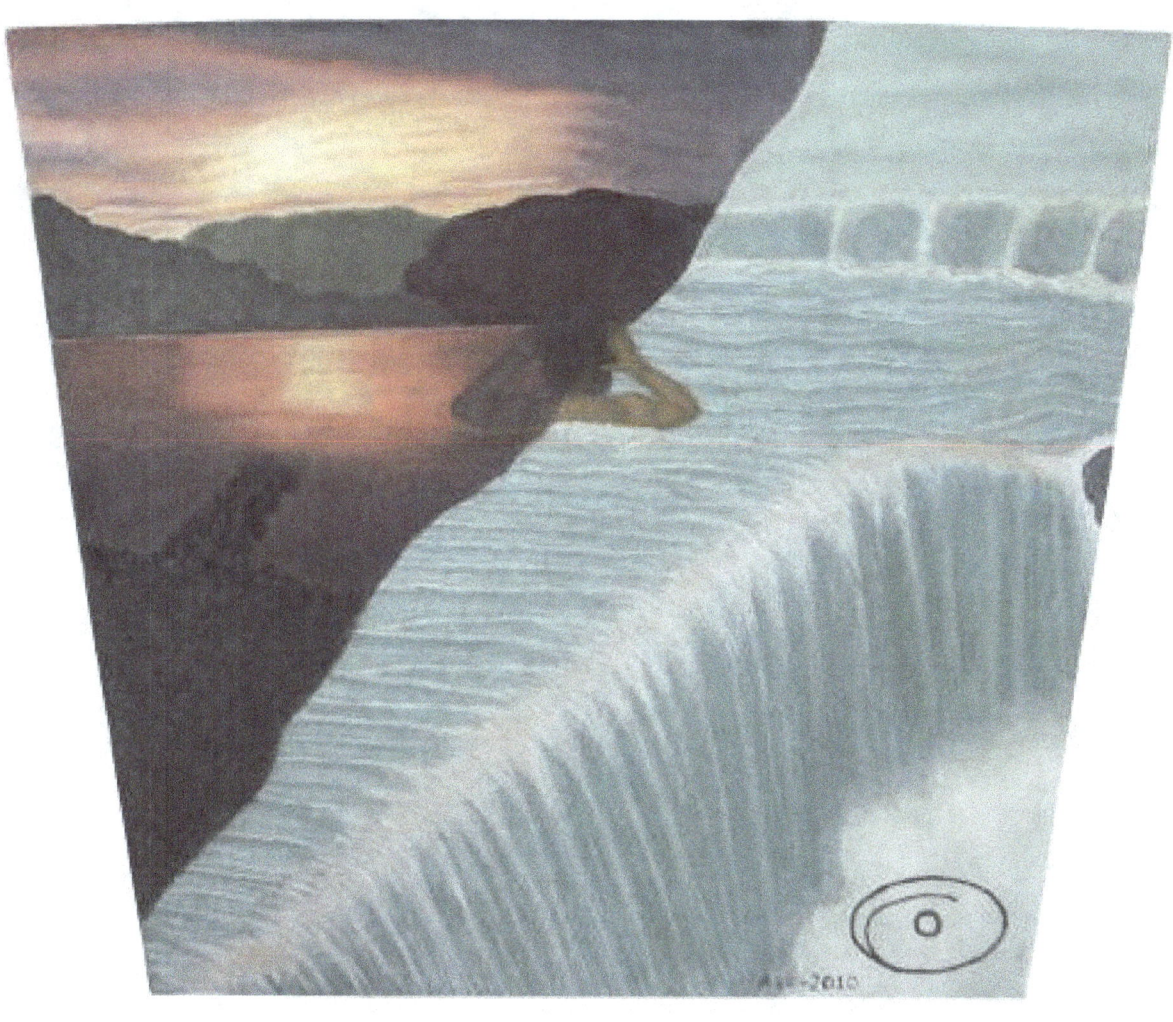

## Sello NUEVE : **MULUC**

**Luna**

El impulso intenso que nos pone en acción,
la profundidad de las emociones.

**¡Permite que tus emociones inunden tu ser!**

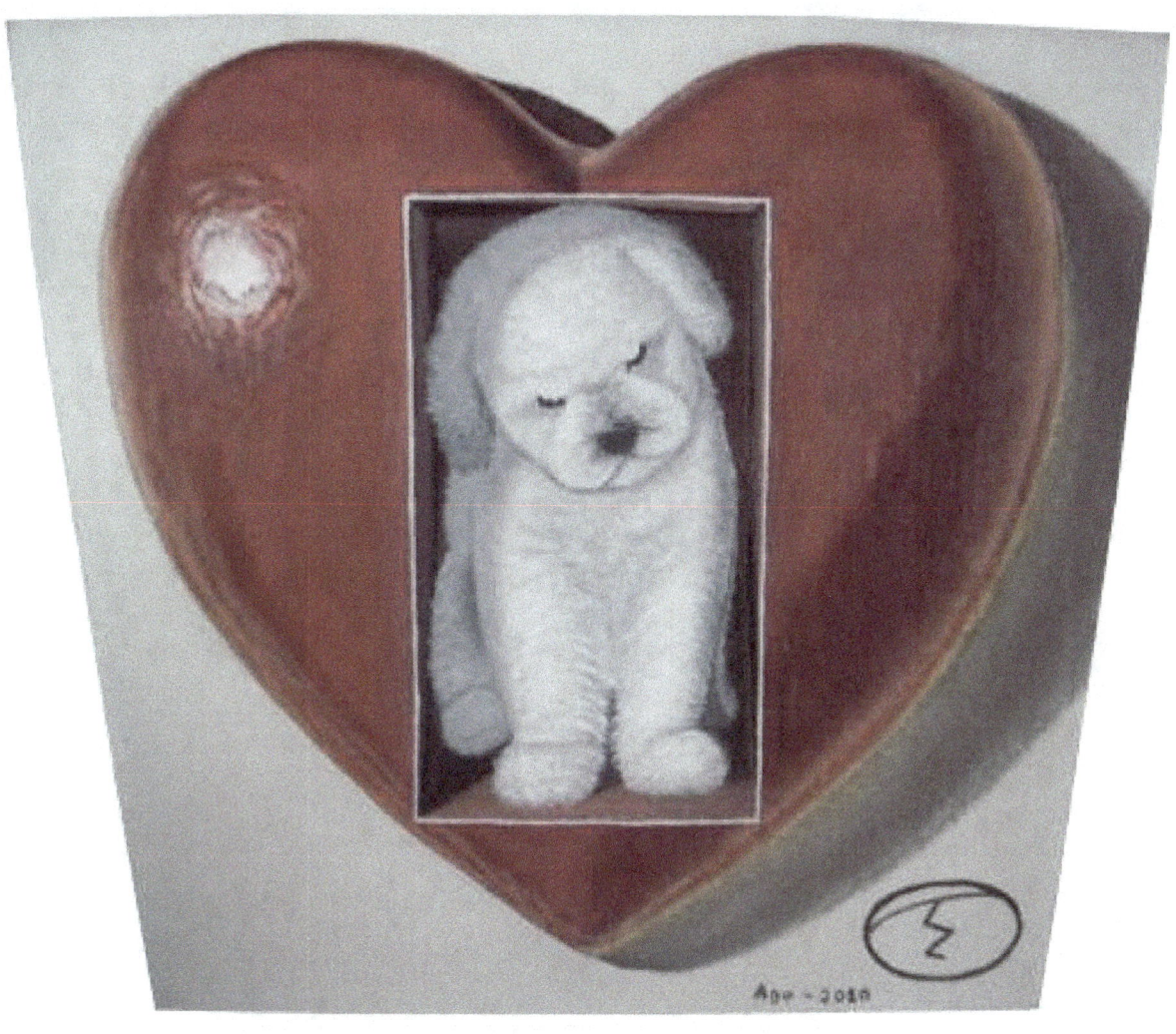

## Sello DIEZ : **OC**

**Perro**

La verdadera calidad del amor puro y total,
el amor que vive en nosotros.

**¡Disfruta del poder del amor que hay en ti!**

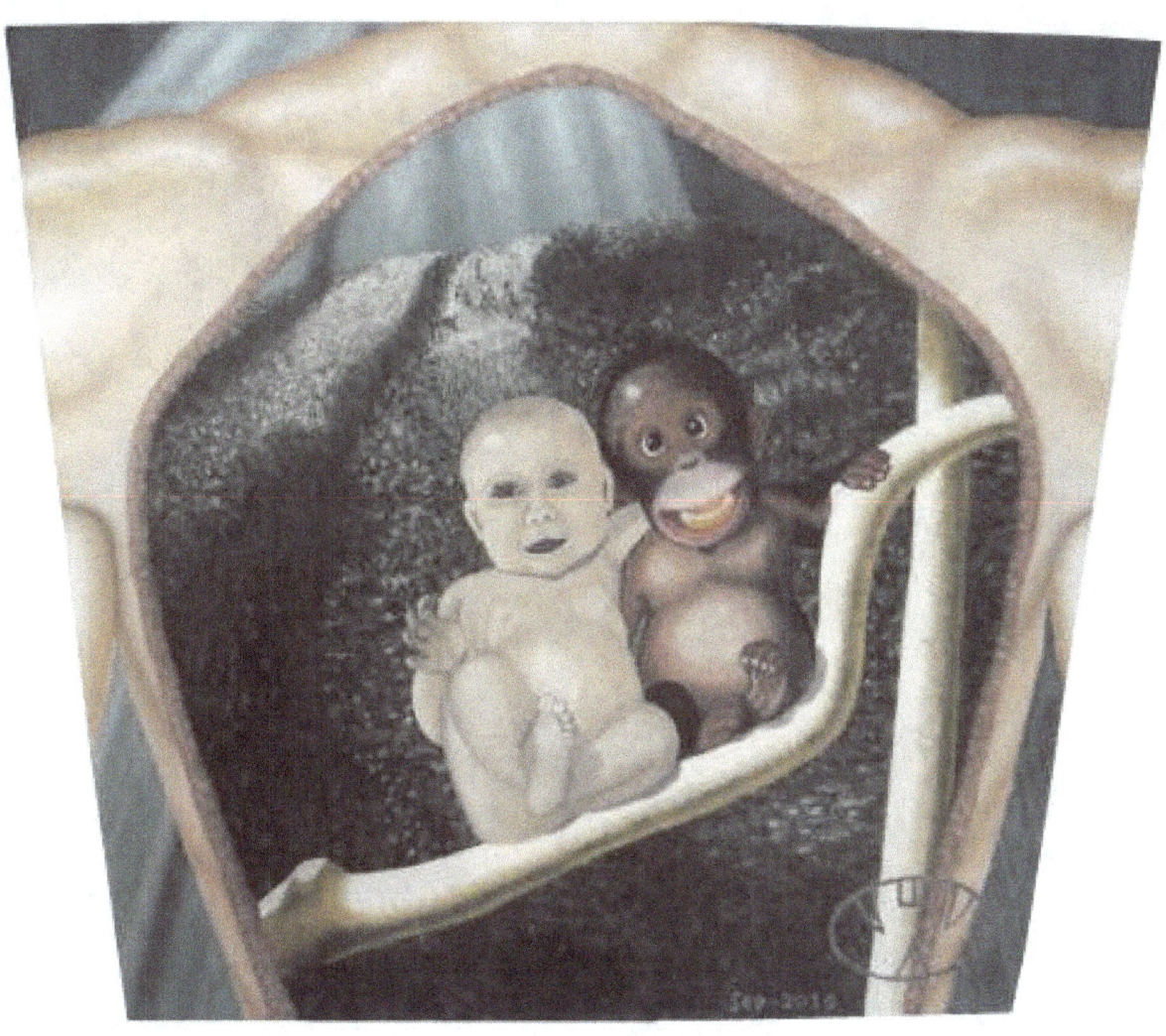

# Sello ONCE : **CHUEN**

### Mono

El juego que corresponde a vivir sin identificarse demasiado, el mantenerse flexible dentro de uno mismo.

### ¡Juega tantos roles como te sea posible!

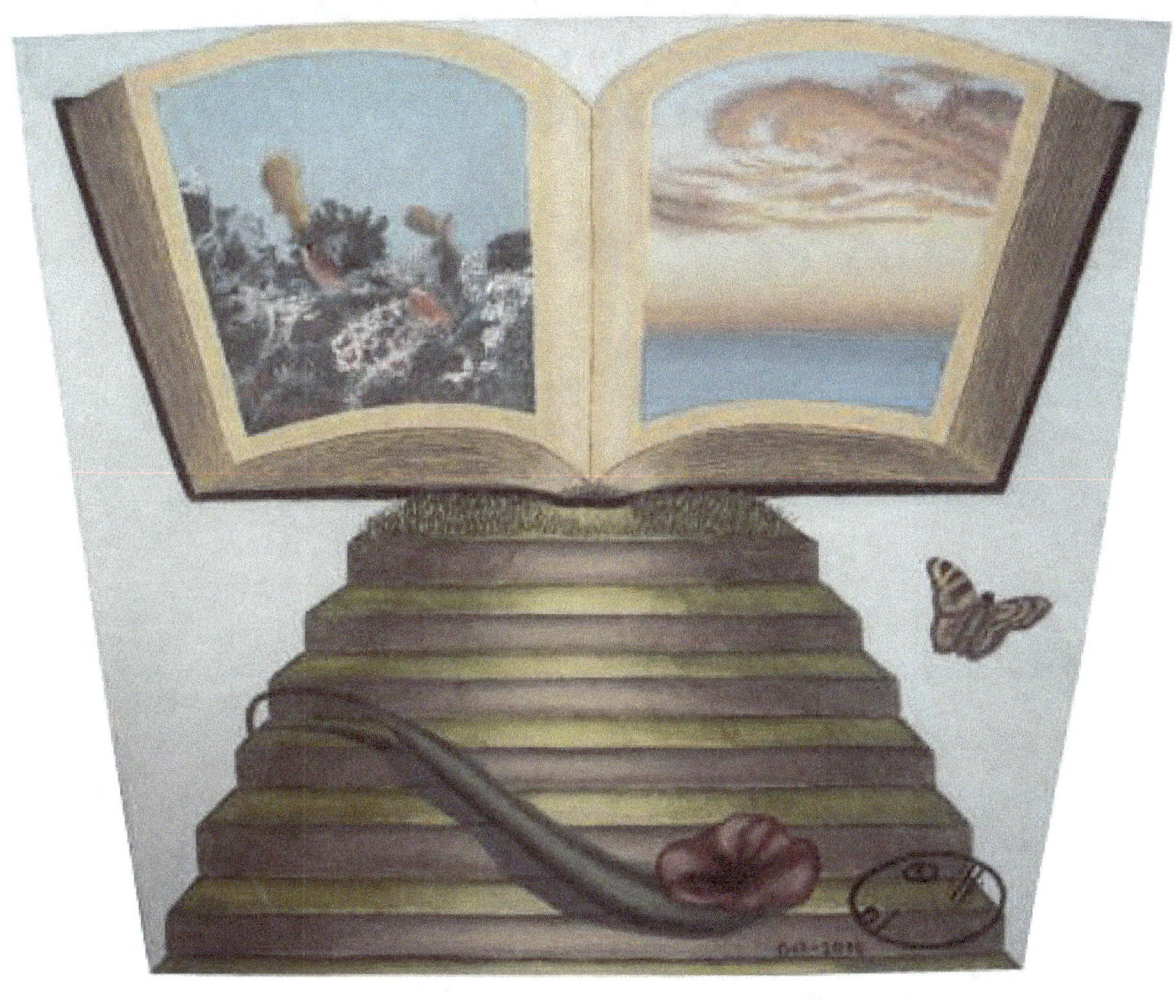

## Sello DOCE : **EB**

### Diente, Escalera, Humano

La actitud de ir a lo más profundo de un aprendizaje, la seriedad y la disciplina en los estudios.

### ¡Profundiza y obtén así tu máximo regalo!

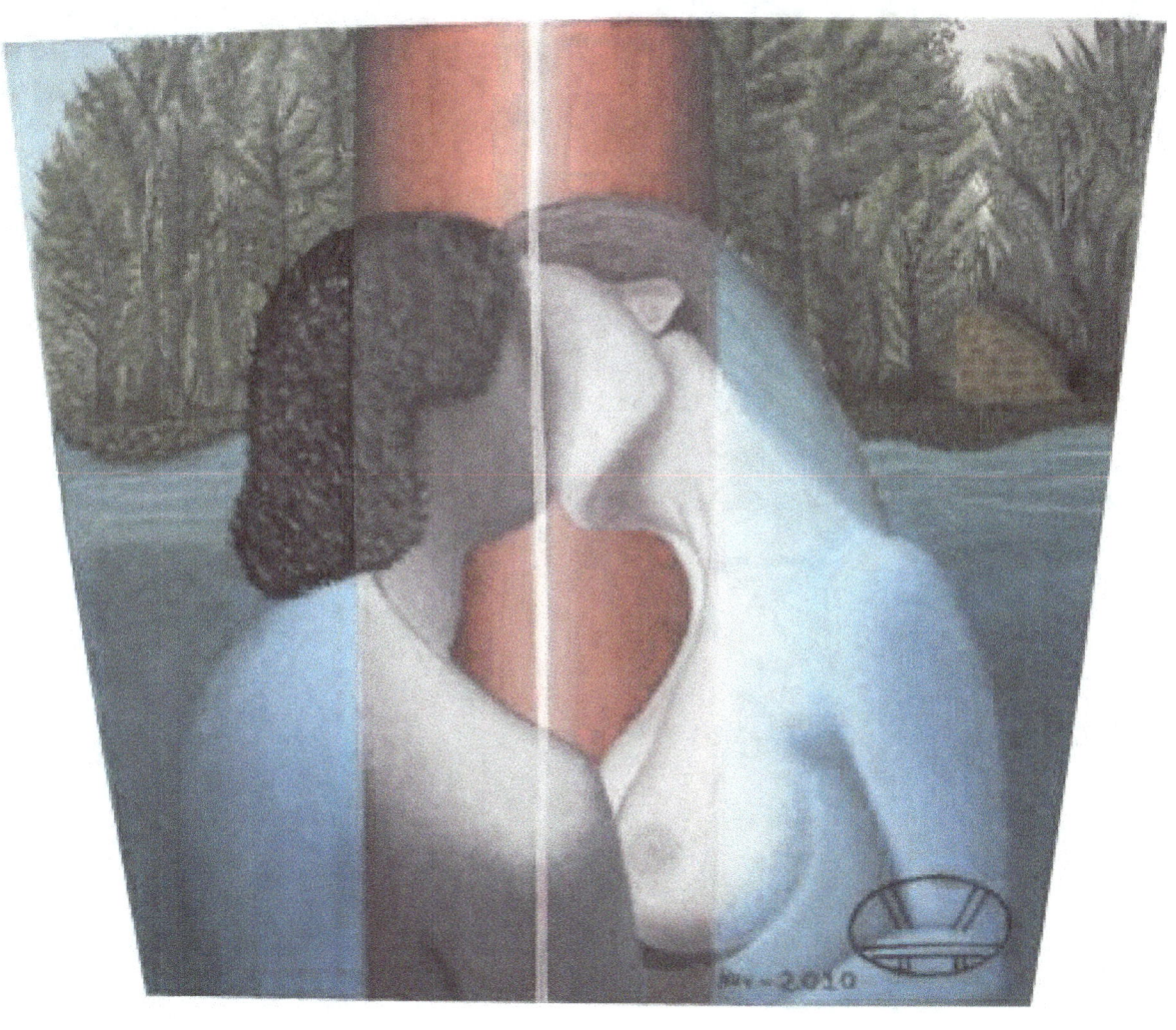

## Sello TRECE : BEN

**Caña, Caminante del cielo**

El movimiento de la conciencia que nos permite caminar, la telepatía cósmica, la comunicación.

**¡Capta la sabiduría de las conciencias despiertas!**

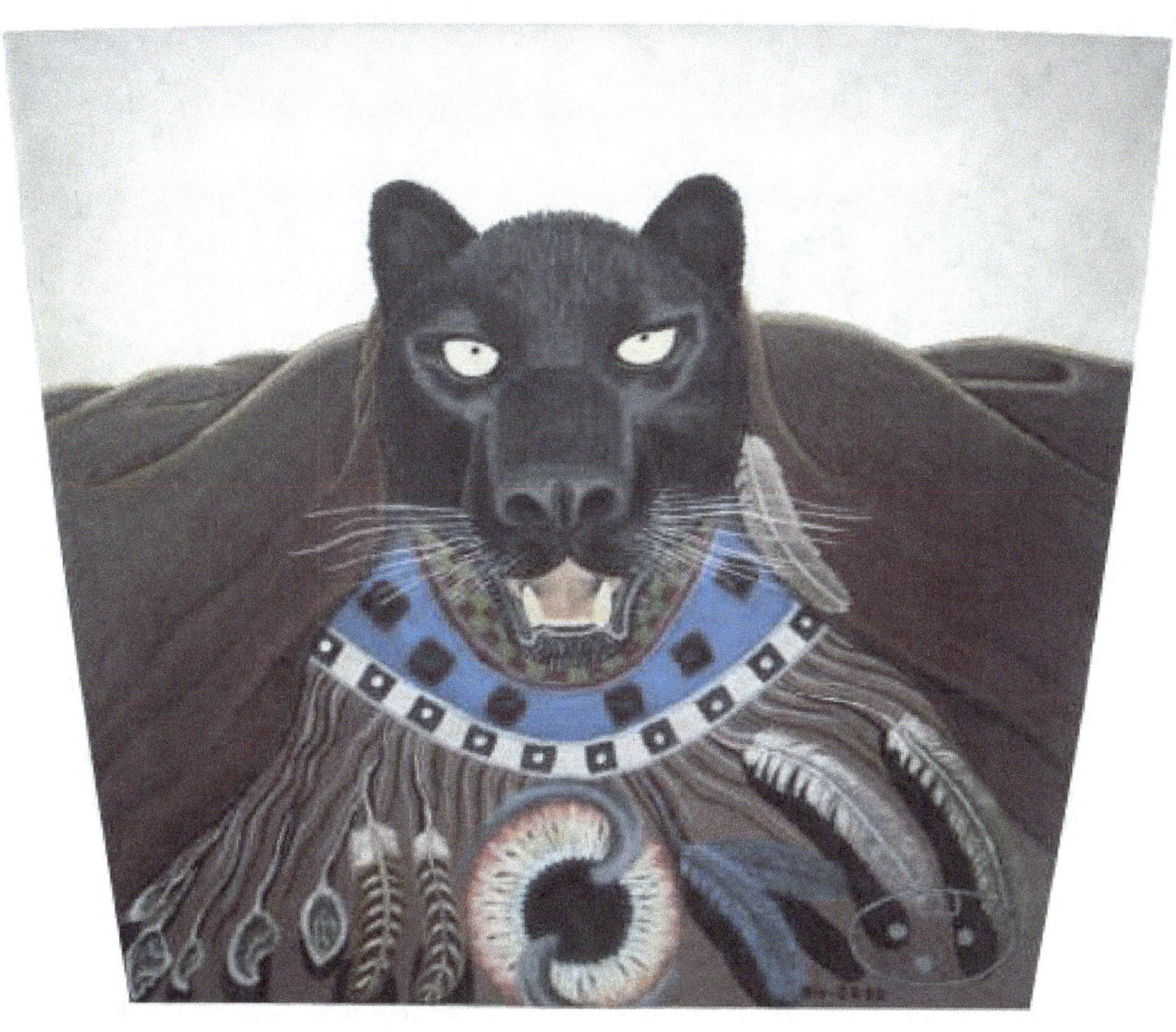

## Sello CATORCE : IX

### Jaguar, Mago

La comunicación con los cuatros elementos, el manejo de las fuerzas y la transformación.

### ¡Domina la magia que hay en ti!

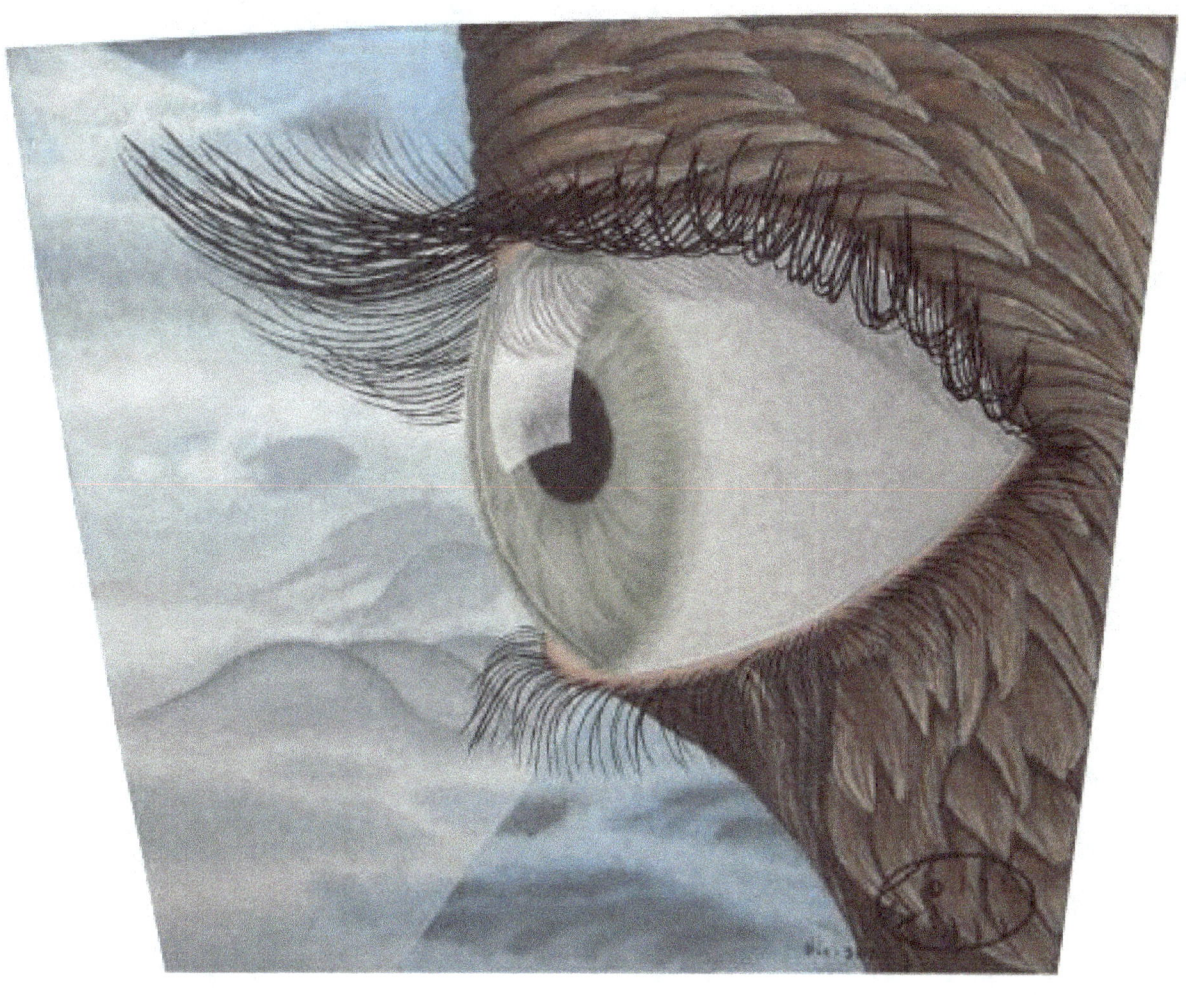

## Sello QUINCE : **MEN**

### Águila

La visión superior que permite el entendimiento,
la intuición para ver las cosas con objetividad.

### ¡Acepta los diferentes ángulos de la razón!

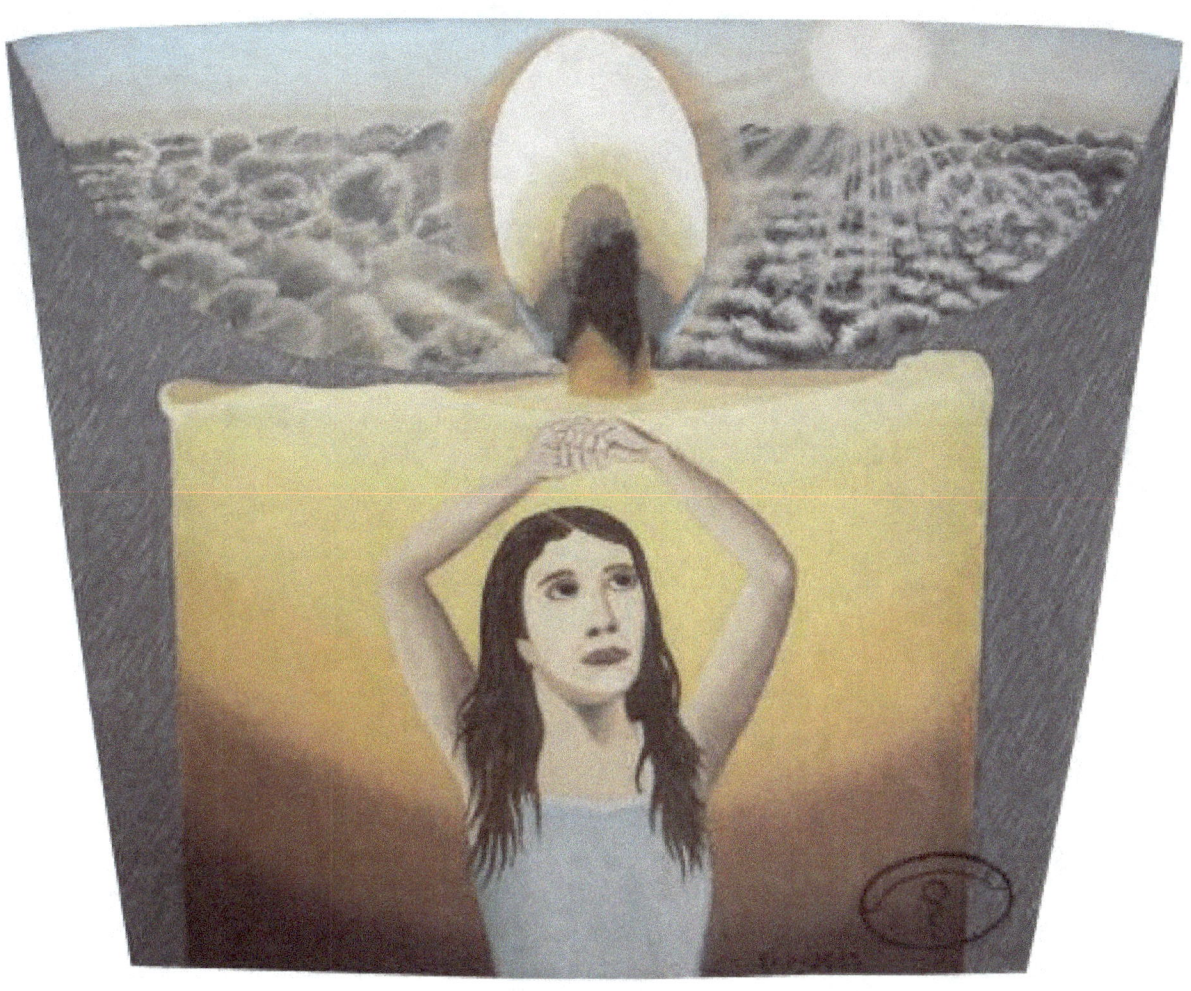

## Sello DIECISÉIS : **CIB**

**La Vela, Guerrero, La copa**

El poder ilimitado de la iluminación que reside en nosotros, el dominio de nuestras fuerzas vitales.

**¡Enciende la luz de tu conciencia!**

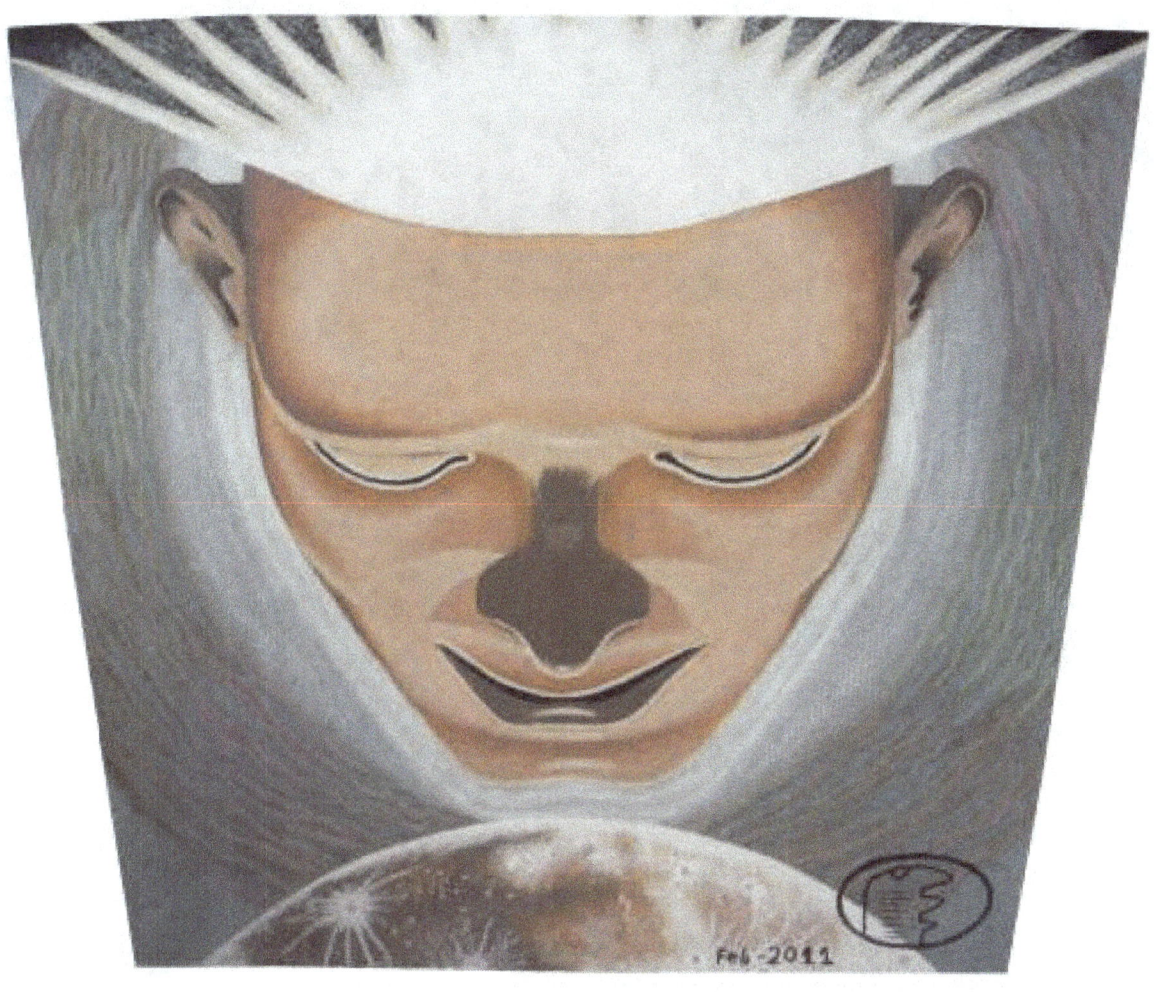

## Sello DIECISIETE : CABAN

**Tierra, Miel**

El movimiento de adaptación de nuestro ser en la Tierra, la liberación de la mente para disfrutar y vivir.

**¡Adáptate a las circunstancias de la vida!**

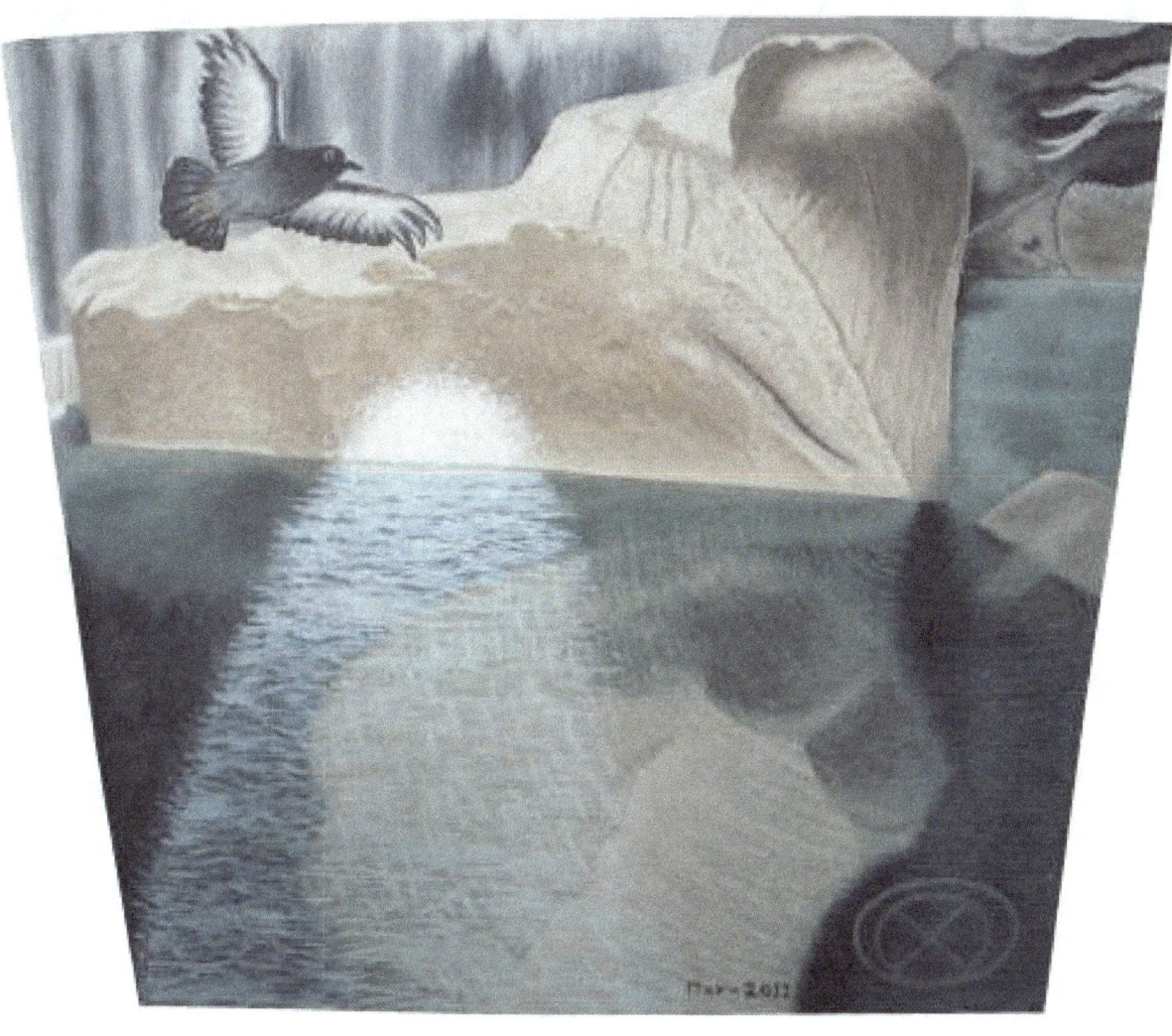

# Sello DIECIOCHO : ETZNAB

### Pedernal, Espejo

El perfeccionamiento y pulido de la personalidad,
el trabajo de desarrollo espiritual.

### ¡Perfecciona tu belleza espiritual!

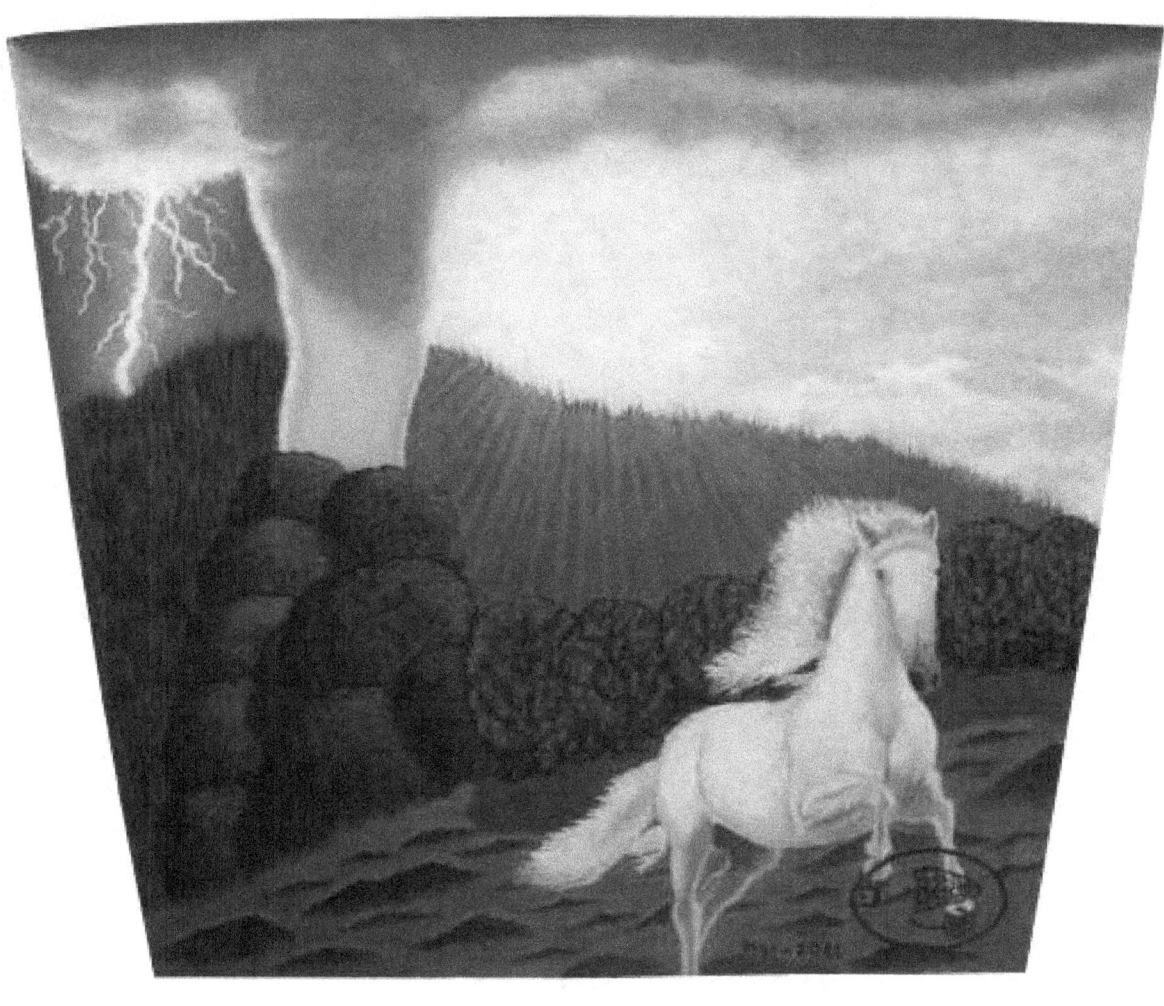

## Sello DIECINUEVE : **CAUAC**

**Tormenta, Trueno**

Las experiencias inesperadas que nos sacuden,
el destello de luz en medio de la oscuridad.

**¡Espera la calma tras la tormenta y decide!**

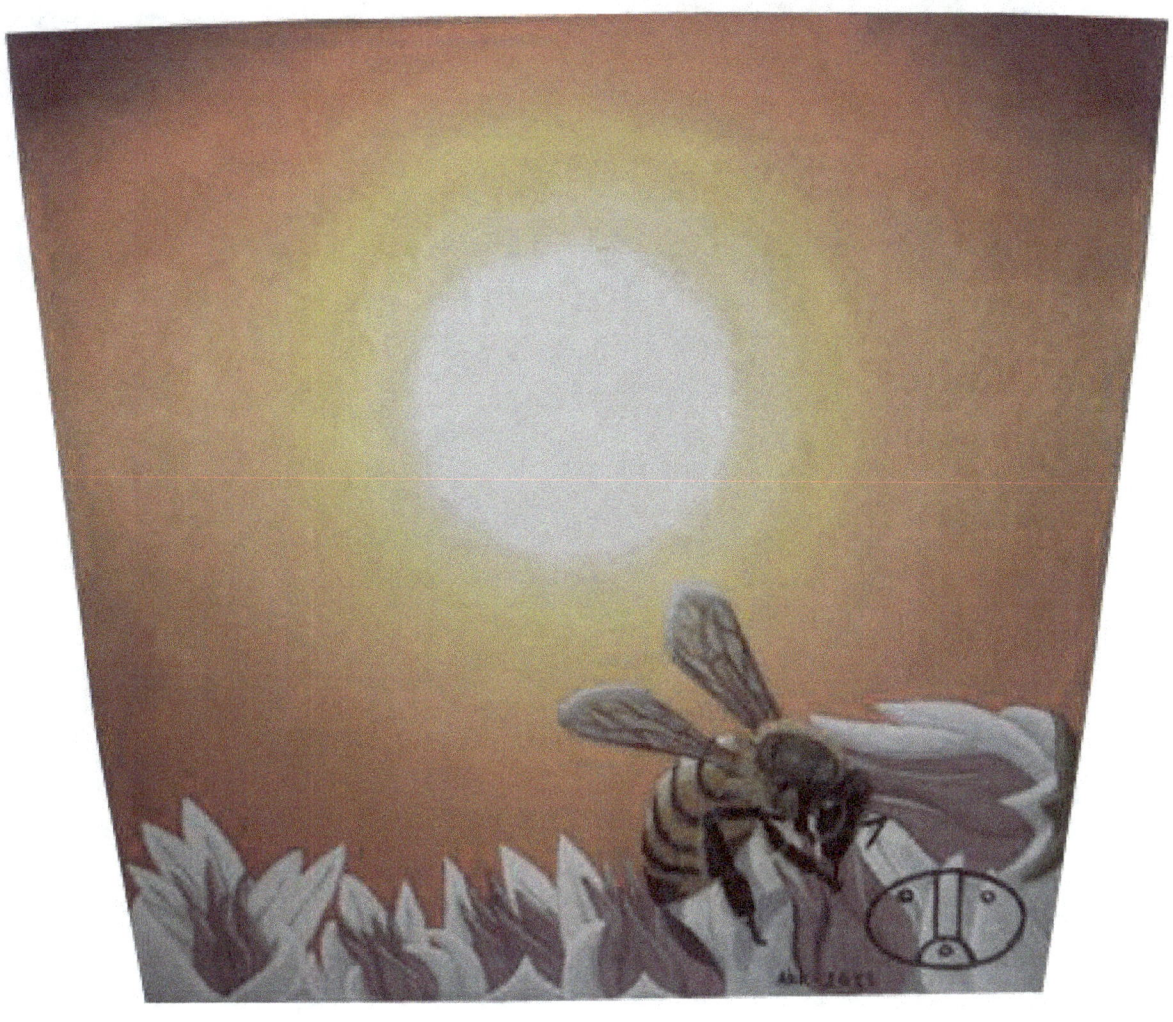

# Sello VEINTE : AHAU

### Sol

La resolución de los acontecimientos inesperados, la realeza del sol y su pura irradiación.

### ¡Vive tu grandeza y realeza divina!

50

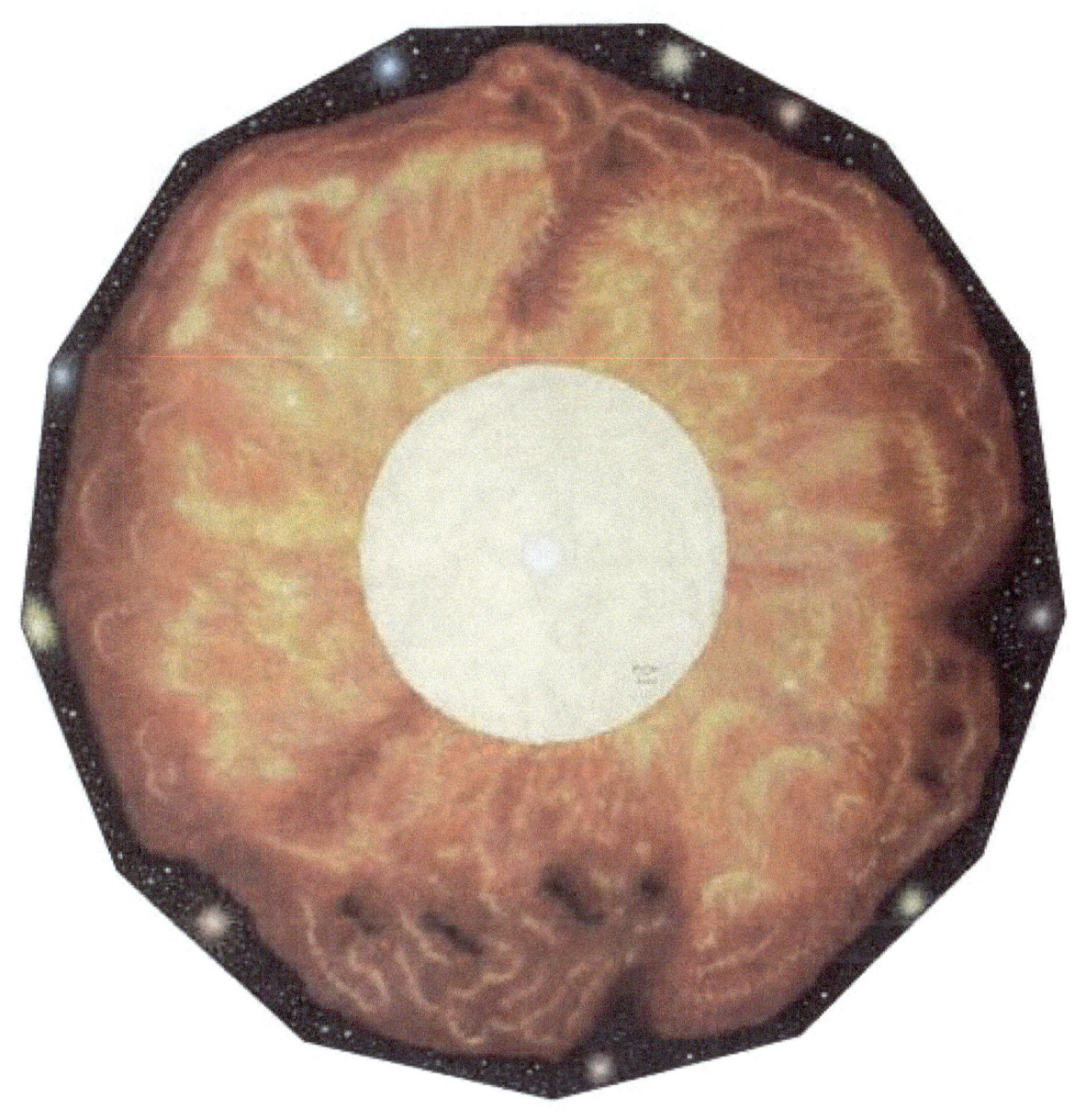

# El sol

www.ingramcontent.com/pod-product-compliance
Lightning Source LLC
Chambersburg PA
CBHW081815220526
45470CB00006B/2318